comment écrire des livres avec Yahoo Questions Réponses

Auteur : Séraphine LAGUYDE
Version : 1.0.0

Notes : Vous aurez peut-être l'impression que je ne traite que du Kindle mais sachez que cela vaut pour toutes les liseuses du marché. La seule différence qui subsistera entre les jeux des diverses plateformes c'est le format du fichier des livres : .mobi ou .prc pour le Kindle et .epub pour les autres. Vous pouvez bien exploiter les informations de ce livre pour écrire des livres papier via CreateSpace.

Table des matières

Introduction

Comme cela vous souhaitez écrire des livres avec Yahoo Questions/Réponses? Avant de vous introduire dans ce qu'est réellement Yahoo Questions/Réponses, je vais vous fournir d'abord quelques raisons sur l'importance de procéder selon les méthodes et avec les outils que je vais vous présenter. Vous apprendrez mieux de Yahoo Questions réponses. De ce fait, quand je vous expliquerai les types de livres que vous pourrez écrire, vous comprendrez la portée...

Et comment les choses sont faciles. Evidemment, il fallait qu'il y ait une personne pour vous éclairer à ce sujet.

Raison # 1 : Ecrire sans écrire

Avec Yahoo Questions/Réponses, vous pouvez écrire sans écrire. En effet, votre moyen d'écrire va se transformer en copier/coller et/ou ajustement de textes ou de paragraphes. Chaque fois que cette méthode a été présentée, beaucoup ne comprennent pas comment ils n'ont pas pu trouver des astuces depuis longtemps. Dans des livres récents, je vends cette méthodologie comme une publication de livre sans écrire un mot. Il y en a d'autres. Mais avec Yahoo Questions/Réponses, les choses sont trop simples.

Raison # 2 : Gain de temps

Ecrire nous amène souvent à travers le web, à la recherche des informations. On se lance souvent dans l'écritures sans savoir quelles sont les véritables préoccupations des lecteurs. Yahoo Questions/Réponses, du point de vu de l'auteur est une grande base de données où vous pourrez en même temps trouver des questions et leur réponses. Si vous connaissiez l'existence d'une telle base de données de connaissance et comment l'exploiter, vous gagneriez certainement du temps.

Raison # 3 : Une recherche facile

Dans Yahoo Questions Réponses, il est facile de voir les questions les plus populaires… globalement ou selon les catégories. Ceci vous donne déjà un aperçu des directions à suivre pour écrire vos livres. Il est plus facile d'écrire des livres qui ont des chances d'être bien vendus. La notion de popularité soutient donc la tendance ou l'intérêt.

Présentation de Yahoo Questions Réponses

Yahoo Questions/Réponses est un site internet à l'adresse http://fr.answers.yahoo.com/
Le site présente au public, trois vues qui sont les suivantes :
1)Demander =>Prenez la parole et posez votre question
2) Répondre => Partagez votre savoir, aidez les autres et devenez un expert. Vous êtes invité à répondre au questions ouvertes.

3) Découvrir => Les meilleures réponses sélectionnées par la communauté. Vous pouvez découvrir des questions résolues (ces questions ne sont plus des questions ouvertes)

Pour nous auteurs, voici ce que nous pouvons retenir :
1)Il y a des questions avec des réponses. Ce site est une mine de connaissance.
2)Je peux savoir ce que le public veut comme information.
3)Si je pose une question, il y a de forte chance que je reçoives une ou plusieurs réponses.

Ah ! Juste avec ces quelques points, voila ce que je peux déduire :
1)Si j'écris un livre sur un sujet recherché par des personnes sur Yahoo Questions/Réponses, il y a de forte chance qu'il se vende.
2)Mon livre est déjà presque prêt puisque les questions que l'on se pose ont leurs réponses sur le site

Bien ! La question que nous devons trancher et qui peut angoisser certains est que : Si les informations sont sur Yahoo Questions/Réponses, pourquoi ILS vont acheter mon livre au lieu d'aller consulter le site ? Peut être que toi qui me lit, tu es déjà à cette question dans ta tête. Alors, laisse moi répondre avant de continuer.

En fait, beaucoup ne savent même pas que ce site existe. Peut-être tu es en fait une des personnes qui découvrent les potentiels de ce site. Alors, tu vois toi-même la preuve. Ensuite, ce n'est pas parce que des réponses sont sur internet que les gens n'achètent pas les livres. Il faut savoir trouver les réponses que l'on cherche. Il faut avoir le temps pour cela. Tout le monde ne sais pas trouver. Tout le monde sait chercher par exemple. Mais combien cherchent mal ? Combien n'arrivent pas au bout de leur recherche ?

Avertissement : Je tiens à apporter cet avertissement ici. Je me fais toujours huer quand je cause de la sorte. J'espère que vous aussi n'allez pas m'écrire avec des commentaires. Essayez au moins de comprendre mon point de vue. Voilà !

1) J'enseigne que toute personne peut écrire un livre sur internet et principalement pour le Kindle. Pour le Kindle, les choses sont plus facile. Pas besoin de gros cours pour comprendre comment mettre en forme un livre sous Word et le convertir en fichier .mobi pour le Kindle.

2) Je souligne que les livres produits facilement sont des non-fictions. Quelqu'un dans les commentaires par rapport à un de mes livres a dit qu'il attendait mon roman à succès. Je ne crois pas que ce sera pour demain vu que je n'écris pas de roman. Je vous conseille de vous spécialiser dans de petits guides. Un guide comme ce livre.

3) Je précise que comme tout le monde peut écrire des livres, comportez vous comme un rédacteur et rien d'autre. N'inventez pas la roue. Rassemblez des informations, utilisez vos propres mots . Ce n'est pas

votre opinion que l'on cherche. C'est l'état de l'art (comment les choses se font).

4) Oui ! il y a des domaines à ne pas aborder selon les limites que vous vous êtes fixées

5) Et pour ceux qui doutent que les livres ne se vendent pas, voici une capture d'écran sans trucage. J'enlève le nom du livre et son ASIN. Voyez le nombre de livres, comptez les et multipliez la somme par 2 ou 4. Vous saurez exactement entre quel montant mes redevances se situent. Je vous donne ceci pour vous encourager. N'oubliez pas que ceci est un versement passif pour moi c'est-à-dire qu'après avoir effectué un travail, je n'ai plus rien à faire mois après mois pour gagner cet argent. Même si ce n'est que 100€, vous voyez ce que cela peut faire à votre portefeuille.

Unités vendues	Unités remboursées	Nombre d'unités vendues
1	0	1
7	2	5
1	0	1
3	0	3
30	0	30
24	0	24
12	1	11
1	0	1
20	2	18
28	3	25
13	0	13
3	0	3

6) Je sais bien de quoi je parle.

Ok ?

Retournons un peu sur Yahoo Questions/Réponses que je vous montre deux ou trois choses intéressantes.

Fait 1 : Inscrivez-vous sur le site afin de pouvoir apporter votre contribution. Seul les membres peuvent poser des questions ou répondre aux questions des autres. Pour consulter les question et réponses, on n'a pas besoin d'avoir un compte. Les informations sont à la portées de tous.

Fait 2 : Je sais que à partir de ce qui précède, beaucoup vont me dire que puisque je clame haut et fort que les informations sont disponibles à tous, cela ne les pousse pas à s'inscrire. Ils ne voient pas l'intérêt. Je reviendrai dans la méthode pour vous présenter une opportunité qui oblige d'être membre du site.

Fait3 : Autre chose, Yahoo Questions/Réponses est une source de trafic. J'enseigne souvent comment apporter du trafic sur un site ou un produit depuis Yahoo Questions/Réponses. Comment ? Quand vous êtes membre, cherchez des questions ouvertes en rapport avec votre produits ou votre site. Répondez à ces question en y ajoutant comme source, votre livre ou votre site.

Application : J'ai écris un livre sur la publication de livre sur Amazon (kindle). Alors, je fais des recherche sur le site de Yahoo Questions/Réponses

publier sur kindle   Rechercher

Je ne trouve qu'une seule réponse. Cela veut dire que soit j'ai mal formulé ma requête (Il y a de fortes chances) soit le sujet n'est pas vraiment intéressant.

 Comment **publier** un livre **sur** Amazon ?
Est-il difficile de **publier** un eBook **sur Kindle** ?
☆ Dans Livres et auteurs - Posée par Ling-en du bl
- Il y a 1 mois

Je clique sur ce lien pour voir. Et comme vous voyez ci-dessous, la question est close et il y a des liens dans les réponses.

Comment publier un livre sur Amazon ?

Est-il difficile de publier un eBook sur Kindle ?

Il y a 1 mois

Détails supplémentaires
J'ai trouvé ce podcast: http://www.hsia.fr/ecrire-livre-amazon/
Il y a 1 mois

Meilleure réponse - Choisie par les votants

Tu ferais mieux de passer par un site partenaire (www.lulu.com par exem
C'est très facile, mais ça ne rapporte pas vraiment.
Sources :
Expérience personnelle, j'ai déjà utilisé ce système.

Il y a 1 mois

100% 2 votes

Quand vous vous retrouvez dans ces genres de situation ou la question est encore ouverte, n'hésitez pas à placer votre lien en source dans la réponse.

Si vous voulez seulement des questions/Réponses encore ouverte, utilisez plutôt la **Recherche avancée** du site et configurez **l'état de la question**.

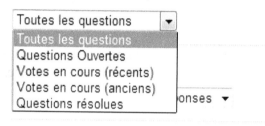

Quelques types de livres

Passons en revue les types de livres que vous pourrez écrire avec Yahoo Questions Réponses :

>**Des livres désirés** : Ce titre a été utilisé pour exprimer le fait que vous pouvez écrire tout types de livres, selon votre désir et selon le contenu du site. J'ouvre donc cette partie à votre imaginaire. Je liste quelques types de livres, mais comme vous êtes un auteur, en parcourant le site, vous serez peut être interpellé par une particularité du site qui vous permettra d'écrire encore et encore.

>**Secrets et astuces** : Dans ces types de livres, on glane des astuces et des secrets dans un domaine précis et on le consigne dans un livre. Si vous ne comprenez pas ce que je dis, je vais tenter de l'illustrer.
Voici donc des titres de livres avec des liens pour puiser des contenus

Comment larguer son copain en 20 leçons

c'est quoi **une** bonne raison pour **larguer** son **copain**??
4 ☆ Dans Futilités - Posée par ♥je_c_pas_tout, mange du hamster - 22 réponses - Il y a 4 ans

Comment rompre par SMS

Rompre par sms, qu'en pensez-vous ?
...cela. J'aimerais donc la quitter **par** un joli **sms**, Aur
13 ☆ Dans Amour et relations - Divers - Posée par
réponses - Il y a 3 ans

Pour faire comme les d'jeuns, je viens de **ror**
après 2h17minutes, toujours pas de réponse, que pui
est déjà...
6 ☆ Dans Mariage et divorce - Posée par Lucy 5* - 19 ré

est ce que **rompre par sms** c'est lache?
...face donc je lui ai écrit un **sms** pour lui dire que je v
☆ Dans Amour et relations - Divers - Posée par Guedy˙

14

En fait, je donne des titres comme cela. Vous pouvez faire apparaitre le mot secrets et/ou astuces dans le votre.

>Interview

Dans le cas de livres interview, plusieurs possibilités vous sont offertes.
1) Transformer des témoignages ou des avis en interview
2) Utiliser Yahoo Questions Réponses pour trouver des sujets à interviewer puis leur envoyer des questions via email. Comprenez bien ceci que faire des interviews via email sera plus facile et rapide pour vous. Quand vous avez trouvé des personnes intéressantes, vous leur faites parvenir une liste de questions. Vous recueillez les réponses et vous écrivez le livre. A vous de négocier avec eux leur rétribution ou voir s'ils veulent être cités.

>Recettes de cuisine

Plusieurs recettes de cuisines sont partagées tous les jours sur Yahoo Questions Réponses. Il suffit pour vous de les rechercher, les collecter et faire du rewriting (réécriture). Il est impossible de breveter une recette de cuisine. Au niveau du copyright, nous n'avez pas de soucis tant que vous modifiez les instructions de préparation. Vous gardez les ingrédients et vous faire la réécriture des instructions. Si possible, apportez votre touche personnelle… un plus sur la recette (suggestion de présentation, d'arôme…).
L'idéal serait de classer ces recettes par types : recettes de crêpes, recette de gâteaux, recettes de desserts… Je

vois à peu près des guides de 30-50 recettes vendus à 2.99€ l'unité.

 recette gateau?
... à la recherche de la **recette** du **gateau** minute. Si vous aviez une...
☆ Dans Recettes de cuisine - Posée par Nicolas G - 7 réponses - Il y a 5 ans

 Recette gateau chocolat noir?
Bonjour , je recherche la **recette** d'un **gateau** au chocolat pour plusieurs personne...
☆ Dans Recettes de cuisine - Posée par alicia - 11 réponses - Il y a 4 ans

>Témoignages

Vous avez ici deux solutions :
1) Postez votre demande de témoignages par rapport à votre sujet. Vous aurez forcément une réponse puisque l'un des principes du site est que chaque membre peut déposer une réponse.
2) Collectez les avis déjà présents sur le site

 A **votre avis**, quelle est le rôle du **sexe** dans la construction d'une relation amoureuse ...?
...aussi un paquet de temps à faire du **sexe** ! A **votre avis**, pensez vous que le **sexe** ne ...
3 ☆ Dans Amour et relations - Divers - Posée par drekxell - 12 réponses - Il y a 5 ans

Quand vous faites des recherches, sachez que le nombre de réponses correspond potentiellement au nombres d'avis différents.

>FAQ

Vous faites le tour des questions que l'on peu poser sur un sujet et vous produisez des résumés sous la forme d'un guide. Ce guide peut avoir de 30 à 100 questions avec leur réponses.

Exemple : Comment trouver l'amour sur internet ? Voici une liste de questions qui s'y rattachent : ceci est pour quel âge ? Stratégies ? site de rencontre ? présentation d'un profil ? détecter des arnaqueurs ?

 Peut-on vraiment **trouver l'amour sur internet**?
... et passent leur temps **sur** des sites matrimoniaux...
1 ☆ Dans Internet - Divers - Posée par The Yoshi - 13 réponse:

 peut on **trouver l amour sur internet** et pourquoi
☆ Dans Célibat et rencontre - Posée par fatima sylvie b - 20 ré

Méthodologie de travail

Entrons maintenant dans la méthode de travail pour glaner des informations et pour écrire des livres.

> **Outils** : Vous avez à votre disposition trois outils. A savoir : La recherche de Yahoo Questions Réponses, la recherche de Amazon.fr, la recherche des mots clé de Google Adword. Il suffit de les lancer et de glaner des information

La recherche de Yahoo Questions Réponses : il faut juste entrer un mot dans la recherche sur Yahoo Questions Réponses. En cliquant sur rechercher, vous aurez une liste de questions correspondantes. A vous de les classer selon leur pertinence, leur popularité ou nombre de réponses fournies.

Rechercher

recette
                                                           Rechercher

Trier par : Pertinence | Les plus récentes ⊡ | Avec le plus de réponses ⊡

Puis vous faites votre sélection.

Recette ??
... pas quoi en faire, j'aimerais une **recette** a la poele.
☆ Dans Recettes de cuisine - Posée par MOROCCO CORNE DE GAZELLE - 11
réponses - Il y a 4 ans

recette!!!!!!!!!!!!!!!!!!!!!!!!!!!!!!!!!!!...
...ce que vous connaissez des **recette** facile a faire pour les ados...
1 ☆ Dans Recettes de cuisine - Posée par Onyme A - 11 réponses - Il y a 3 ans

recette de soins de Corps et de visage naturel?
...que chacun donne la **recette** (naturell) qui ...39:est une **recette** pour le
visage ...
3 ☆ Dans Soins du corps - Divers - Posée par sousou1982 - 6 réponses - Il y a
5 ans

La recherche de Amazon.fr : Commencez à remplir la
recherche sur Amazon.fr et vous verrez que le système
vous suggère des phrases. Ces phrases peuvent vous
servir de titre ou de début de titre pour vos livres. A partir
de ces phrases, vous pouvez revenir sur Yahoo Questions
réponses pour faire vos recherche.

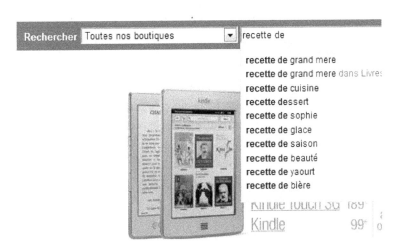

La recherche des mots clé de Google Suggestion : Pareil comme sur Amazon.fr, Google suggère des mots clé. Cette fonction dite d'auto complétion est intéressante. Il permet d'entrevoir ce que les visiteurs recherchent sur internet. Quand vous avez les mots, vous pouvez revenir faire

Appuyez sur Entrée pour lancer la recherche.

La recherche des mots clé de Google Adword.

Pour effectuer des recherches, il faut fournir une racine de mot clé, déterminer la zone géographique, saisir des caractères anti spam puis cliquer sur Recherche

Vous obtiendrez alors en dessous du bouton **Recherche**, une liste d'idées.

Mot clé	Concurrence	Recherches mensuelles dans le monde entier ?	Recherches mensuelles dans les zones ciblées ?
recette facile ▾	Faible	823 000	673 000
recettes ▾	Faible	20 400 000	16 600 000
recette rapide ▾	Faible	201 000	165 000
recette simple ▾	Faible	301 000	246 000
recette italienne ▾	Faible	74 000	49 500

Le nombre de recherche, vous donne une idée de la popularité du mot sur internet.

21

Pour vos titre, vous pouvez placer plusieurs de ces mots dans vos titres.

Exemple : Pour un livre de recette sur les salades, je pourrai écrire : Recette simple de salades – Initiez-vous à la recette minceur.

> **Collecte :**

Donc, pour conclure la section précédente et introduire la collecte, voici quelques scénarios :

1) [Recherche de mot clé par un outil] => [Mise du mot clé dans la recherche de Yahoo Questions Réponses] => [Collecte des questions et leurs réponses]

2) [Sélection d'une catégorie] => [Recherche des Questions populaires] => [Collecte des questions et leurs réponses]

3) [Mise du mot clé dans la recherche de Yahoo Questions Réponses] => [Collecte des questions et leurs réponses]

En gros, on met un mot dans la recherche de Yahoo Questions Réponses (si on veut) et on filtre les résultats et on glane les réponses pour écrire le livre.

Cas pratique : La recette. Je souhaite écrire un livre de recettes de salade.

Acte 1 : Je place Recette de salade dans la recherche de Yahoo Questions Réponses… et je clique sur le bouton Rechercher.

Rechercher

recette de salade   **Rechercher**   Rech

Acte 2 : Je regarde les réponses qui apparaisse et je fais commence ma collecte

Trier par : Pertinence Les plus récentes ☑ Avec le plus de réponses ☑

Voici ma **recette salade** grecque dietetique et delicieuse??
… tranches sans la peau le jus **de** 4 citrons verts sel (peu), poivre…
1 ☆ Dans Recettes de cuisine - Posée par Marusha - 10 réponses - Il y a 4 ans

Recette salade de riz printaniere,qu'elle sauce faire et comment?
Et idée d ingrédients pour la **salade** svp merci à tous
3 ☆ Dans Gastronomie et boisson - Divers - Posée par Mona parisgo - 5 réponses - Il y a 2 mois

Recette de salade de champignons?
…faire, pour un petit buffet, une **salade de** champignons. Comme j&#39…
du citron. Les **recettes** vues sur Internet semblent…
2 ☆ Dans Recettes de cuisine - Posée par Kat ♥ - 5 réponses - Il y a 3 ans

Quelle **recette de salade** est la plus raffraîchissante ?
J'aime bien les **salades** fraîches et légères… cerises avec du jus **de** citron. Avez-vous d'…
1 ☆ Dans Recettes de cuisine - Posée par Communard - 8 réponses - Il y a 4 ans

Prenons la première question : Voici ma recette grecque diététique et délicieuse.

Donc, faisons notre rédaction :

[… début de la recette…

Recette facile de Salade grecque diététique

Pour 4 personnes (5 minutes de préparation):

Ingrédients :

4 concombres
4 citrons verts
Sel
Poivre
1 bouquet de menthe
De la coriandre fraiche ciselée
Olive noire dénoyautées
Feta en cube
Graine de coriandre

Préparation

>Dans un saladier, mettez les concombres en fines tranches sans la peau.
>Ajoutez dans le saladier tous les ingrédients à l'exception du citron, du sel, du poivre.
>Ajoutez du sel (très peu) et du poivre (une pincée)
>Ajouter du jus de citron

Conseils :

>Utilisez la règle de trois pour augmenter les proportion. Cette recette est pour 4 personnes.
>Vous pouvez adapter cette recette avec de la tomate , batavia et raisin sec. C'est frais et cela change de la salade traditionnelle
>Ceux qui n'aiment pas le citron peuvent assaisonner la salade de manière traditionnelle.
>Vous pouvez déguster votre salade avec du Wasa ou du pain polaire
>Si vous avez des invités, faites cette recette sans y ajoutez du citron. Servez avec deux coupelles : Une contenant du jus de citron et l'autre contenant de la sauces vinaigrette traditionnelle.

...Fin de la recette]

Vous voyez bien que si vous allez sur la page de cette recette, vous comprendrez que j'ai réécris tout. J'ai utilisé les différentes réponses pour ajouter un bloc de conseil. Cette recette n'avait pas de partie préparation. Cela supposait que tout un chacun pouvais le faire. Ce qui n'est pas d'entrée le cas. Les bonnes recettes proposent tous les détails de préparation : où se fait la préparation, combien de temps, comment on procède...

>Mise en forme

Je pourrai aller au fond dans le sujet mais je vous renvoies ici à des excellents titres par souci de simplification.

>Publier sur Kindle : *Comment mettre en forme des livres sur Kindle avec des outils gratuits* => http://www.amazon.fr/dp/B0085Y92VQ

>Publier sur CreateSpace : *Comment publier des livres avec CreateSpace* sur Amazon.fr

Problèmes et solutions

Note 1 : Pour vos mises en forme de livres, je vous conseille Word (ou open office)

Note2 : Si vous souhaitez publier sur Kindle, optez pour la solution Calibre ou postez directement votre livre au format Word sur la plateforme de publication. Quand je parle de Calibre, je sous-entend que vous pouvez convertir vos livres du Word vers un fichier .mobi en utilisant le logiciel Calibre. La procédure est écrite dans ce guide : *Comment mettre en forme des livres sur Kindle avec des outils gratuits* => http://www.amazon.fr/dp/B0085Y92VQ

Note 3 : Si vous souhaitez publier sur Createspace, utilisez Word au format A5 et enregistrez le livre au format pdf. La procédure est décrite dans ce guide vendu sur Amazon.fr : *Comment publier des livres avec CreateSpace*

Conclusion

Bon courage dans vos œuvres d'écriture. Vous avez entre le main une mine d'or. Exploitez cela à fond.

Recommandations

>Comment mettre en forme des livres sur Kindle avec des outils gratuits => http://www.amazon.fr/dp/B0085Y92VQ

>Comment Publier Simplement sur KINDLE des livres qui vous rapportent jour après jour
http://www.amazon.fr/dp/B006V4H4FI

Vous avez bien lu la description ?

Ecrire des livres avec Yahoo Questions Réponses n'est pas une nouveauté en soi. Et pourtant de nombreux auteurs en herbe ne connaissent pas cette possibilité ou la sous-estiment. Avec Yahoo Questions Réponses et ce guide, vous pouvez créer livres après livres sans aucun bagage, sans aucune connaissance, sans recherche supplémentaire. Ce que vous recherchez sur le net s'y trouve. Regardez ce qui est populaire et exercez-vous. Il n'y a pas de raison que vos livres ne se vendent pas.

Merci pour vos commentaires : monavis.kindle@sfr.fr